My Prayer Journal date :_____

Confession

_____
_____
_____
_____
_____
_____
_____
_____
_____

Things I'm Thankful for

_____
_____
_____
_____
_____
_____
_____
_____
_____
_____
_____

Prayers for Others

_____
_____
_____
_____
_____
_____
_____

Prayers for Myself

_____
_____
_____
_____
_____
_____
_____
_____
_____

My Prayer Journal date :_____

Confession

_____
_____
_____
_____
_____
_____
_____
_____
_____

Things I'm Thankful for

_____
_____
_____
_____
_____
_____
_____
_____
_____

Prayers for Others

_____
_____
_____
_____
_____
_____
_____

Prayers for Myself

_____
_____
_____
_____
_____
_____
_____

MY LITTLE BOOK
of
FAITH

Prayer Journal Girls Edition

ACTIVINOTES

Activinotes

DAILY JOURNALS, PLANNERS, NOTEBOOKS AND OTHER BLANK BOOKS

My Prayer Journal date :_____

Confession

_____
_____
_____
_____
_____
_____
_____
_____
_____
_____

Things I'm Thankful for

_____
_____
_____
_____
_____
_____
_____
_____
_____
_____

Prayers for Others

_____
_____
_____
_____
_____
_____
_____
_____

Prayers for Myself

_____
_____
_____
_____
_____
_____
_____
_____

My Prayer Journal date :_____

Confession

_____
_____
_____
_____
_____
_____
_____
_____
_____
_____

Things I'm Thankful for

_____
_____
_____
_____
_____
_____
_____
_____
_____
_____
_____

Prayers for Others

_____
_____
_____
_____
_____
_____
_____
_____

Prayers for Myself

_____
_____
_____
_____
_____
_____
_____
_____
_____
_____

My Prayer Journal date :_____

Confession

Things I'm Thankful for

Prayers for Others

Prayers for Myself

My Prayer Journal date :_____

Confession
_____
_____
_____
_____
_____
_____
_____
_____
_____

Things I'm Thankful for
_____
_____
_____
_____
_____
_____
_____
_____
_____
_____

Prayers for Others
_____
_____
_____
_____
_____
_____

Prayers for Myself
_____
_____
_____
_____
_____
_____

My Prayer Journal date :_____

Confession

Things I'm Thankful for

Prayers for Others

Prayers for Myself

My Prayer Journal date :_____

Confession
_____
_____
_____
_____
_____
_____
_____
_____
_____

Things I'm Thankful for
_____
_____
_____
_____
_____
_____
_____
_____
_____
_____

Prayers for Others
_____
_____
_____
_____
_____
_____
_____
_____

Prayers for Myself
_____
_____
_____
_____
_____
_____
_____
_____
_____
_____

My Prayer Journal date :_____

Confession

_____
_____
_____
_____
_____
_____
_____
_____
_____

Things I'm Thankful for

_____
_____
_____
_____
_____
_____
_____
_____

Prayers for Others

_____
_____
_____
_____
_____
_____
_____

Prayers for Myself

_____
_____
_____
_____
_____
_____
_____

My Prayer Journal date :_____

Confession

Things I'm Thankful for

Prayers for Others

Prayers for Myself

My Prayer Journal date :_____

Confession

Things I'm Thankful for

Prayers for Others

Prayers for Myself

My Prayer Journal date :_____

Confession

Things I'm Thankful for

Prayers for Others

Prayers for Myself

My Prayer Journal date :_____

Confession

Things I'm Thankful for

Prayers for Others

Prayers for Myself

My Prayer Journal date :＿＿＿＿＿＿

Confession

_____
_____
_____
_____
_____
_____
_____
_____

Things I'm Thankful for

_____
_____
_____
_____
_____
_____
_____
_____
_____

Prayers for Others

_____
_____
_____
_____
_____
_____
_____
_____

Prayers for Myself

_____
_____
_____
_____
_____
_____
_____
_____

My Prayer Journal date :_____

Confession

_____
_____
_____
_____
_____
_____
_____
_____
_____

Things I'm Thankful for

_____
_____
_____
_____
_____
_____
_____
_____
_____

Prayers for Others

_____
_____
_____
_____
_____
_____
_____
_____

Prayers for Myself

_____
_____
_____
_____
_____
_____
_____
_____

My Prayer Journal   date :_____

Confession

_____

Things I'm Thankful for

_____

Prayers for Others

_____

Prayers for Myself

_____

My Prayer Journal date :_____

Confession

Things I'm Thankful for

Prayers for Others

Prayers for Myself

My Prayer Journal date :_____

Confession
_____
_____
_____
_____
_____
_____
_____
_____
_____
_____

Things I'm Thankful for
_____
_____
_____
_____
_____
_____
_____
_____
_____
_____
_____
_____

Prayers for Others
_____
_____
_____
_____
_____
_____
_____
_____

Prayers for Myself
_____
_____
_____
_____
_____
_____
_____
_____
_____

My Prayer Journal date :_____

Confession

Things I'm Thankful for

Prayers for Others

Prayers for Myself

My Prayer Journal date :_____

Confession
_____
_____
_____
_____
_____
_____
_____
_____
_____
_____

Things I'm Thankful for
_____
_____
_____
_____
_____
_____
_____
_____
_____
_____
_____
_____

Prayers for Others
_____
_____
_____
_____
_____
_____
_____
_____
_____
_____

Prayers for Myself
_____
_____
_____
_____
_____
_____
_____
_____
_____
_____

My Prayer Journal date :_____

Confession

_____
_____
_____
_____
_____
_____
_____
_____
_____
_____

Things I'm Thankful for

_____
_____
_____
_____
_____
_____
_____
_____
_____
_____

Prayers for Others

_____
_____
_____
_____
_____
_____
_____
_____
_____
_____

Prayers for Myself

_____
_____
_____
_____
_____
_____
_____
_____
_____
_____

My Prayer Journal date :_____

Confession
_____
_____
_____
_____
_____
_____
_____
_____
_____
_____

Things I'm Thankful for
_____
_____
_____
_____
_____
_____
_____
_____
_____
_____
_____

Prayers for Others
_____
_____
_____
_____
_____
_____
_____
_____

Prayers for Myself
_____
_____
_____
_____
_____
_____
_____
_____
_____

My Prayer Journal date : _____

Confession

_____
_____
_____
_____
_____
_____
_____
_____
_____

Things I'm Thankful for

_____
_____
_____
_____
_____
_____
_____
_____
_____

Prayers for Others

_____
_____
_____
_____
_____
_____
_____

Prayers for Myself

_____
_____
_____
_____
_____
_____
_____

My Prayer Journal date :_____

Confession
_____
_____
_____
_____
_____
_____
_____
_____

Things I'm Thankful for
_____
_____
_____
_____
_____
_____
_____
_____

Prayers for Others
_____
_____
_____
_____
_____
_____

Prayers for Myself
_____
_____
_____
_____
_____
_____

My Prayer Journal date :_____

Confession

_____
_____
_____
_____
_____
_____
_____
_____
_____

Things I'm Thankful for

_____
_____
_____
_____
_____
_____
_____
_____
_____

Prayers for Others

_____
_____
_____
_____
_____
_____

Prayers for Myself

_____
_____
_____
_____
_____
_____

My Prayer Journal date :_____

Confession

_____
_____
_____
_____
_____
_____
_____
_____

Things I'm Thankful for

_____
_____
_____
_____
_____
_____
_____
_____
_____
_____

Prayers for Others

_____
_____
_____
_____
_____
_____
_____
_____

Prayers for Myself

_____
_____
_____
_____
_____
_____
_____
_____

My Prayer Journal date :_____

Confession

Things I'm Thankful for

Prayers for Others

Prayers for Myself

My Prayer Journal date :_____

Confession

_____
_____
_____
_____
_____
_____
_____
_____

Things I'm Thankful for

_____
_____
_____
_____
_____
_____
_____
_____
_____

Prayers for Others

_____
_____
_____
_____
_____
_____
_____

Prayers for Myself

_____
_____
_____
_____
_____
_____
_____

My Prayer Journal date :_____

Confession

_____
_____
_____
_____
_____
_____
_____
_____
_____

Things I'm Thankful for

_____
_____
_____
_____
_____
_____
_____
_____
_____
_____

Prayers for Others

_____
_____
_____
_____
_____
_____
_____

Prayers for Myself

_____
_____
_____
_____
_____
_____
_____

My Prayer Journal date :_____

Confession

Things I'm Thankful for

Prayers for Others

Prayers for Myself

My Prayer Journal date:_____

Confession

Things I'm Thankful for

Prayers for Others

Prayers for Myself

My Prayer Journal date :_____

Confession

Things I'm Thankful for

Prayers for Others

Prayers for Myself

My Prayer Journal date :_____

Confession

Things I'm Thankful for

Prayers for Others

Prayers for Myself

My Prayer Journal date : _____

Confession

Things I'm Thankful for

Prayers for Others

Prayers for Myself

My Prayer Journal date :_____

Confession

Things I'm Thankful for

Prayers for Others

Prayers for Myself

My Prayer Journal date :_____

Confession

Things I'm Thankful for

Prayers for Others

Prayers for Myself

My Prayer Journal date :_____

Confession

_____
_____
_____
_____
_____
_____
_____
_____
_____

Things I'm Thankful for

_____
_____
_____
_____
_____
_____
_____
_____
_____

Prayers for Others

_____
_____
_____
_____
_____
_____
_____

Prayers for Myself

_____
_____
_____
_____
_____
_____
_____

My Prayer Journal date :_____

Confession

Things I'm Thankful for

Prayers for Others

Prayers for Myself

My Prayer Journal date :_____

Confession
_____

Things I'm Thankful for
_____

Prayers for Others
_____

Prayers for Myself
_____

My Prayer Journal date :_____

Confession

Things I'm Thankful for

Prayers for Others

Prayers for Myself

My Prayer Journal date :_____

Confession

Things I'm Thankful for

Prayers for Others

Prayers for Myself

My Prayer Journal date :_____

Confession

_____
_____
_____
_____
_____
_____
_____
_____
_____

Things I'm Thankful for

_____
_____
_____
_____
_____
_____
_____
_____
_____
_____
_____

Prayers for Others

_____
_____
_____
_____
_____
_____
_____
_____

Prayers for Myself

_____
_____
_____
_____
_____
_____
_____
_____
_____

My Prayer Journal date :_____

Confession

Things I'm Thankful for

Prayers for Others

Prayers for Myself

My Prayer Journal date :_____

Confession

Things I'm Thankful for

Prayers for Others

Prayers for Myself

My Prayer Journal date :_____

Confession

Things I'm Thankful for

Prayers for Others

Prayers for Myself

My Prayer Journal date :_____

Confession

Things I'm Thankful for

Prayers for Others

Prayers for Myself

My Prayer Journal date :_____

Confession

Things I'm Thankful for

Prayers for Others

Prayers for Myself

My Prayer Journal date:_____

Confession

_____
_____
_____
_____
_____
_____
_____
_____

Things I'm Thankful for

_____
_____
_____
_____
_____
_____
_____
_____
_____

Prayers for Others

_____
_____
_____
_____
_____
_____

Prayers for Myself

_____
_____
_____
_____
_____
_____

My Prayer Journal date :_____

Confession

Things I'm Thankful for

Prayers for Others

Prayers for Myself

My Prayer Journal date :_____

Confession

_____
_____
_____
_____
_____
_____
_____
_____

Things I'm Thankful for

_____
_____
_____
_____
_____
_____
_____
_____

Prayers for Others

_____
_____
_____
_____
_____
_____
_____

Prayers for Myself

_____
_____
_____
_____
_____
_____
_____
_____

My Prayer Journal date :_____

Confession

Things I'm Thankful for

Prayers for Others

Prayers for Myself

My Prayer Journal date :_____

Confession

Things I'm Thankful for

Prayers for Others

Prayers for Myself

My Prayer Journal date :_____

Confession

Things I'm Thankful for

Prayers for Others

Prayers for Myself

My Prayer Journal   date :_____

Confession
_____
_____
_____
_____
_____
_____
_____
_____
_____

Things I'm Thankful for
_____
_____
_____
_____
_____
_____
_____
_____
_____
_____
_____

Prayers for Others
_____
_____
_____
_____
_____
_____
_____

Prayers for Myself
_____
_____
_____
_____
_____
_____
_____
_____
_____

My Prayer Journal date :_____

Confession

Things I'm Thankful for

Prayers for Others

Prayers for Myself

My Prayer Journal date :_____

Confession

Things I'm Thankful for

Prayers for Others

Prayers for Myself

My Prayer Journal date :_____

Confession

Things I'm Thankful for

Prayers for Others

Prayers for Myself

My Prayer Journal date :_____

Confession
_____
_____
_____
_____
_____
_____
_____
_____
_____

Things I'm Thankful for
_____
_____
_____
_____
_____
_____
_____
_____
_____
_____

Prayers for Others
_____
_____
_____
_____
_____
_____
_____

Prayers for Myself
_____
_____
_____
_____
_____
_____
_____
_____

My Prayer Journal date :_____

Confession

Things I'm Thankful for

Prayers for Others

Prayers for Myself

My Prayer Journal date :＿＿＿＿＿

Confession

Things I'm Thankful for

Prayers for Others

Prayers for Myself

My Prayer Journal date :_____

Confession

_____
_____
_____
_____
_____
_____
_____
_____
_____
_____

Things I'm Thankful for

_____
_____
_____
_____
_____
_____
_____
_____
_____
_____

Prayers for Others

_____
_____
_____
_____
_____
_____
_____
_____

Prayers for Myself

_____
_____
_____
_____
_____
_____
_____
_____

My Prayer Journal date :_____

Confession

_____

Things I'm Thankful for

_____

Prayers for Others

Prayers for Myself

My Prayer Journal date :_____

Confession

Things I'm Thankful for

Prayers for Others

Prayers for Myself

My Prayer Journal   date :_____

Confession

_____
_____
_____
_____
_____
_____
_____
_____
_____

Things I'm Thankful for

_____
_____
_____
_____
_____
_____
_____
_____
_____
_____

Prayers for Others

_____
_____
_____
_____
_____
_____
_____
_____

Prayers for Myself

_____
_____
_____
_____
_____
_____
_____
_____

My Prayer Journal date :_____

Confession

Things I'm Thankful for

Prayers for Others

Prayers for Myself

My Prayer Journal date :_____

Confession
_____
_____
_____
_____
_____
_____
_____
_____
_____

Things I'm Thankful for
_____
_____
_____
_____
_____
_____
_____
_____
_____
_____

Prayers for Others
_____
_____
_____
_____
_____
_____
_____

Prayers for Myself
_____
_____
_____
_____
_____
_____
_____
_____

My Prayer Journal date :_____

Confession

Things I'm Thankful for

Prayers for Others

Prayers for Myself

My Prayer Journal date :_____

Confession

_____

Things I'm Thankful for

_____

Prayers for Others

_____

Prayers for Myself

_____

My Prayer Journal date :_____

Confession

Things I'm Thankful for

Prayers for Others

Prayers for Myself

My Prayer Journal date :_____

Confession

_____
_____
_____
_____
_____
_____
_____
_____
_____
_____
_____

Things I'm Thankful for

_____
_____
_____
_____
_____
_____
_____
_____
_____
_____
_____
_____

Prayers for Others

_____
_____
_____
_____
_____
_____
_____
_____

Prayers for Myself

_____
_____
_____
_____
_____
_____
_____
_____

My Prayer Journal date :_____

Confession

Things I'm Thankful for

Prayers for Others

Prayers for Myself

My Prayer Journal date :_____

Confession

_____
_____
_____
_____
_____
_____
_____
_____
_____
_____

Things I'm Thankful for

_____
_____
_____
_____
_____
_____
_____
_____
_____
_____

Prayers for Others

_____
_____
_____
_____
_____
_____
_____
_____
_____

Prayers for Myself

_____
_____
_____
_____
_____
_____
_____
_____
_____

My Prayer Journal date :_____

Confession

Things I'm Thankful for

Prayers for Others

Prayers for Myself

My Prayer Journal   date :_____

Confession
_____
_____
_____
_____
_____
_____
_____
_____
_____
_____

Things I'm Thankful for
_____
_____
_____
_____
_____
_____
_____
_____
_____
_____
_____

Prayers for Others
_____
_____
_____
_____
_____
_____
_____
_____
_____
_____
_____

Prayers for Myself
_____
_____
_____
_____
_____
_____
_____
_____
_____
_____
_____

My Prayer Journal date :_____

Confession

_____
_____
_____
_____
_____
_____
_____
_____

Things I'm Thankful for

_____
_____
_____
_____
_____
_____
_____
_____

Prayers for Others

_____
_____
_____
_____
_____
_____
_____

Prayers for Myself

_____
_____
_____
_____
_____
_____
_____

My Prayer Journal date :_____

Confession

Things I'm Thankful for

Prayers for Others

Prayers for Myself

My Prayer Journal date :_____

Confession

Things I'm Thankful for

Prayers for Others

Prayers for Myself

My Prayer Journal date :_____

Confession
_____
_____
_____
_____
_____
_____
_____
_____
_____

Things I'm Thankful for
_____
_____
_____
_____
_____
_____
_____
_____
_____

Prayers for Others
_____
_____
_____
_____
_____
_____
_____

Prayers for Myself
_____
_____
_____
_____
_____
_____
_____

My Prayer Journal date :_____

Confession

Things I'm Thankful for

Prayers for Others

Prayers for Myself

My Prayer Journal date :_____

Confession

_____
_____
_____
_____
_____
_____
_____
_____
_____

Things I'm Thankful for

_____
_____
_____
_____
_____
_____
_____
_____
_____

Prayers for Others

_____
_____
_____
_____
_____
_____
_____

Prayers for Myself

_____
_____
_____
_____
_____
_____
_____

My Prayer Journal date :_____

Confession

Things I'm Thankful for

Prayers for Others

Prayers for Myself

My Prayer Journal date :_____

Confession

Things I'm Thankful for

Prayers for Others

Prayers for Myself

My Prayer Journal date : _____

Confession

_____
_____
_____
_____
_____
_____
_____
_____
_____

Things I'm Thankful for

_____
_____
_____
_____
_____
_____
_____
_____
_____

Prayers for Others

_____
_____
_____
_____
_____
_____
_____
_____

Prayers for Myself

_____
_____
_____
_____
_____
_____
_____
_____

My Prayer Journal date :_____

Confession
_____
_____
_____
_____
_____
_____
_____
_____
_____

Things I'm Thankful for
_____
_____
_____
_____
_____
_____
_____
_____
_____

Prayers for Others
_____
_____
_____
_____
_____
_____
_____

Prayers for Myself
_____
_____
_____
_____
_____
_____
_____

My Prayer Journal date :_____

Confession

_____
_____
_____
_____
_____
_____
_____
_____
_____

Things I'm Thankful for

_____
_____
_____
_____
_____
_____
_____
_____
_____

Prayers for Others

_____
_____
_____
_____
_____
_____
_____
_____

Prayers for Myself

_____
_____
_____
_____
_____
_____
_____
_____

My Prayer Journal date :_____

Confession
_____
_____
_____
_____
_____
_____
_____
_____

Things I'm Thankful for
_____
_____
_____
_____
_____
_____
_____
_____
_____

Prayers for Others
_____
_____
_____
_____
_____
_____
_____

Prayers for Myself
_____
_____
_____
_____
_____
_____
_____

My Prayer Journal   date : _____

Confession

_____
_____
_____
_____
_____
_____
_____
_____
_____

Things I'm Thankful for

_____
_____
_____
_____
_____
_____
_____
_____
_____
_____

Prayers for Others

_____
_____
_____
_____
_____
_____
_____

Prayers for Myself

_____
_____
_____
_____
_____
_____
_____

My Prayer Journal date :_____

Confession
_____
_____
_____
_____
_____
_____
_____
_____
_____

Things I'm Thankful for
_____
_____
_____
_____
_____
_____
_____
_____
_____
_____

Prayers for Others
_____
_____
_____
_____
_____
_____
_____
_____

Prayers for Myself
_____
_____
_____
_____
_____
_____
_____
_____

My Prayer Journal date :_____

Confession

Things I'm Thankful for

Prayers for Others

Prayers for Myself

My Prayer Journal   date : _____

Confession

_____
_____
_____
_____
_____
_____
_____
_____
_____

Things I'm Thankful for

_____
_____
_____
_____
_____
_____
_____
_____
_____
_____

Prayers for Others

_____
_____
_____
_____
_____
_____
_____

Prayers for Myself

_____
_____
_____
_____
_____
_____
_____

My Prayer Journal date : _____

Confession

Things I'm Thankful for

Prayers for Others

Prayers for Myself

My Prayer Journal date :_____

Confession

_____
_____
_____
_____
_____
_____
_____
_____
_____

Things I'm Thankful for

_____
_____
_____
_____
_____
_____
_____
_____
_____

Prayers for Others

_____
_____
_____
_____
_____
_____
_____
_____

Prayers for Myself

_____
_____
_____
_____
_____
_____
_____
_____

My Prayer Journal date :_____

Confession

_____
_____
_____
_____
_____
_____
_____
_____
_____
_____

Things I'm Thankful for

_____
_____
_____
_____
_____
_____
_____
_____
_____
_____

Prayers for Others

_____
_____
_____
_____
_____
_____
_____
_____

Prayers for Myself

_____
_____
_____
_____
_____
_____
_____
_____

My Prayer Journal date :_____

Confession

Things I'm Thankful for

Prayers for Others

Prayers for Myself

My Prayer Journal date :_____

Confession

Things I'm Thankful for

Prayers for Others

Prayers for Myself

My Prayer Journal date :_____

Confession

Things I'm Thankful for

Prayers for Others

Prayers for Myself

My Prayer Journal date :_____

Confession

Things I'm Thankful for

Prayers for Others

Prayers for Myself

My Prayer Journal date :_____

Confession

_____
_____
_____
_____
_____
_____
_____
_____

Things I'm Thankful for

_____
_____
_____
_____
_____
_____
_____
_____
_____

Prayers for Others

_____
_____
_____
_____
_____
_____
_____
_____

Prayers for Myself

_____
_____
_____
_____
_____
_____
_____
_____